BEGÆR

UFULDENDTE SERENADER

Et Freudsk neurosebind

Kim Gørtz

BEGÆR

UFULDENDTE SERENADER

Et Freudsk neurosebind

2025

SAGARO REC & PUB

Forlag: BoD · Books on Demand, Strandvejen 100,

2900 Hellerup, bod@bod.dk

Tryk: Libri Plureos GmbH, Friedensallee 273,

22763 Hamborg, Tyskland

ISBN: 978-87-7145-815-2

Der findes sikkert ikke noget sundt menneske, uden
at det har et eller andet islæt, der kan betegnes som
perverst, i det normale seksualmål.

Sigmund Freud

Afhandlinger om sexualteorien, s. 29, 1961

Perversiteterne

Fyndigt; et hysterisk krampeanfald

Utilladelige samlejefantasier, infantile atmosfærer, blide øjne, uhyrlige nervøse mennesker, læberne, mundene, en lystbetonet sutning, anal-åbningens eksplosive udløsning; varsler om seksuelt sensitive gryende grublerier, skåret erotisk med intenst ængstende lyde, og stormfulde omvæltninger, emotionelle ubehag, helt og aldeles eminent.

Kønslivets seksual-biologi, længslens pinlige vaklen og nervøse degeneration; livsindflydelsernes hypnotiske mirakler, henvisnende fortryllelse og krænkende rørelser, en brogethed af løsnende tillokkelser, mæthedens ophidselse, beføling og berøring, dvælende standsninger, kærlighedens naivitet og kulturdegeneration, hyllet i mørke, helt ind i væmmelsesmomentets optagelse.

Pelsens impotens, hudens skamfølelse, smertens overvældende bejlen, mishandlingens isprængte bemægtigelsesapparat, en hysterisk affektbesat og "tilbageforvandlings" udvej, grusomheds-tilknytningens og pirringskildens rystelse i livet; fordærvethedens hukommelsesstumper, gribedriftens unoder, sugningens mælkestrøm, en særegen kildren, der famler i mørket, spændingsfølelsens kløe, en besudlet gnidning, en grusomhedens skranke i revselsens kloak, en stum mistro i afkaldets lystvinding, i regimets tilrivelse.

Der er intet mere kostbart i livet
end sygdom og – dumhed.

Freud, Afhandlinger om behandlingsteknik, s. 134, 2019

*Nu har jeg en fornemmelse af,
at jeg altid har vidst det.*

Freud, Afhandlinger om behandlingsteknik, s. 149, 2019

Jo større modstanden er,
desto mere gennemgribende erstattes erindren
af ageren (gentagen).

Freud, Afhandlinger om behandlingsteknik, s. 156, 2019

Der findes ingen forelskelse,
som ikke gentager infantile forbilleder.

Freud, Afhandlinger om behandlingsteknik, s. 170, 2019

Fra sig selv kan man ikke flygte,
mod den indre fare hjælper ingen flugt.

Freud, Afhandlinger om behandlingsteknik, s. 210, 2019

Indhold

Når ønskeimpulser beherskes af
fortrængningen, forvandles deres libido til
angst.

Freud

Totem og tabu, s. 61, 1983

En opfriskning

Udladningens dunkle fugtighed, den ømmeste,
befølende forlokkelsespræmie, det natlige
centrum; den glatte anvendelses særlige kemi,
svævende i vandringernes spontane
udladninger, i forandringsstødets erigerede
hjælpeløshed, klapper, kysser og vugger den
intense hygiejne i den umættelige ømhed.

Afdæmpende kærtegn med famlende
efterklange i afløbets gennembrydning;
"øjeblikkets ulyksalige barn", en permanent
forstyrrelse i den hvileløse flugt, i
pirringshungerens gyngning, i beluringens
ærgerrige fikseringers umættelighed.

Den lyse og klare aften. Den frit formet og
underholdende kærlighedssang. Som en
forelsket bejler synges disse sange til en elsket
læser: *Begær. Ufuldendte serenader. Et
Freudsk neurosebind.*

Det er helt Freudsk!

1.   Det fortrængtes genkomst
2.   Kastrationsangst og vanvid
3.   Det uhyggeliges psykologi
4.   Hemmelig, lumsk, grusom
5.   Nattens frygtelige, bange timer

Ufuldendte serenader på vej

Sæson 2

Selv. *Et Laingsk spaltningsbind*

Sundhed. *Et Frommsk hjertebind*

Skrift. *Et Barthessk tegnbind*

Tidligere udgivelser i sæson 2

Frigørelse. *Et Marcusesk erosbind*

Singularitet. *Et Reckwitzsk illusionsbind*

Sker. *Et Kirkebysk begivenhedsbind*

Etos. *Et Spinozask substansbind*

Askese. *Et Schopenhauersk forestillingsbind*

Magt. *Et Foucaultsk galskabsbind*

Tidligere udgivelser

Sæson 1

Frifundet. Et Kafkask procesbind

Inderlig. Et Kierkegaardsk eksistensbind

Væsentlig. Et Heideggersk værensbind

Aura. Et Benjaminsk passagebind

Hellig. Et Agambensk nøgenbind

Immobil. Et Sloterdijksk sfærebind

Fremmed. Et Rosask resonansbind

Flugt. Et Deleuzesk rhizombind

Livsvilje. Et Nietzschesk kraftbind

Negativ. Et Adornosk fortryllelsesbind

Vejen fra spædbarn til kulturmenneske er lang;
alt for mange mennesker ville fare vild
undervejs og ikke rettidigt nå til deres
livsopgaver, hvis de uden ledelse blev overladt
til deres egen udvikling.

Freud

Kærlighedslivets psykologi, s. 74-75, 1961

Fortrængningsudvikling

Voksfigurer og epileptiske anfald, vanvid, angst;
delirium, genfundne kæmpeskygger og knuste
anfald, mylderets selvblinding og øjenhulernes
hvirvlende djævleeliksir – dobbeltgængernes
telepatiske opmærksomhedsvanvid.

Anstødelige rester af de fortrængte jeg-
forstyrrelsers regressioner og menneldetomme,
sminkede, orienteringsløse kurbade; en lang pause
med varslede anelser – det onde blik, som
uhyggeligt berører "noget, der burde være forblevet
i det skjulte, men som nu er trådt frem".

De fjerneste kroges rædselsfantasiers magiske
praktikker i spærringernes stank, som snubler i
kærlighedens hjemve; fortrængningens mærke og
stilhedens sporbare forbindelsesdøre – en resistent
snuhed i ensomhedens mørke.

At besværge uhyggen i den rislende og gysende fryd,
i overvældelsens opslugningsangst og opløsningens
kærlighedsbetingelser, hvor en fin følsomheds
skjulte sjælerørelser mildner helhedens skadelidte
og ubønhørlige kyske og svage skygge; i en
beklagelsesværdig, spidsfindig dialektik løsgøres den
uerstattelige og umættelige snaksomhed.

Hæslig og hævngerrigt våger den psykiske impotens
analerotikkens indre hindringer; den ømme erotiske
besættelse med lunefulde strømninger, i pausernes

inderlige sammenknytninger og ønskerørelsernes
pirringshunger.

I uberørthedens elskovslængsels tilhørighed
gennembores og sønderrives livets blufærdige og
lurende angstberedskab; i et uhyggeligt og lammet
gloseforråd med svækket og smittet
undgåelsesforskrifter – "i de små forskelles
narcissisme" – sker omfavnelsen i
taknemmelighedens konstante flugt.

Gennem hæmningsaffekternes krænkelser og
afsvækkelsernes lykkeskænkende lænker og
dødsforbandelse, i livets ængstelige ventetilstand,
vægrer og forsvarer den menneskelige skikkelse sig
besværgende, bestikkende og be(d)røvende en
øjeblikkelig lettelse og dødsanelse; dette gør
hjælpeløsheden (u)udholdelig.

I et sælsomt sammentræf, der følger et infantilt
forbillede, i en psykisk beherskelse, hvis skepsis
fornægter verdensanskuelsernes spektakel, hele
ukrænkelighedens magtfylde, modsættes opgivelsen
og vækstprocessen en nyformning; en helt og
aldeles salig hallucinatorisk forvirring.

I en forstyrrende forklædning og kulturlydighed,
med bandager og strålende intelligens, i
tankefunktionernes helvedesstraffe opstår den
intellektuelle degeneration; ved et narkotikum, i
livets tyngde – ikke længere i skabelsens midtpunkt.

Intet menneske glemmer at udføre handlinger,
der forekommer vedkommende selv vigtige,
uden at udsætte sig for mistanke om at lide af
en sjælelig forstyrrelse.

Freud

Hverdagslivets psykopatologi, s, 123, 1959

Den ømme strømning

Opdragelsen til virkeligheden, henvist til sin egen
kraft, i en sværmende besindig refleksion, med
intellektets primat, i lutring og sublimering;
"intellektets stemme er sagte, men den hviler ikke,
før den har skaffet sig ørenlyd".

Formummet i mørket, forrykt og forbløffet;
fjendtlighedens fornemmelse og fortryllelse,
forbundethedens facade – sygeligt udvisket – i
pirringskildernes skrigende løsrivelse og afværgelse.

Indskrumpende rester, ruiner, levn, splinter og
brokker, en ørkesløs leg; hjemsøgt i omridsets trøst
og blødgørende afledning – med lindringsmidlernes
erstatnings-tilfredsstillelse.

Lunkne lykke- og lidelsesmuligheder og livsførelsers
trøstende tilflugt, i en intensiv mættelse af perverse
impulser i af(s)værgelsens smidighed og svigtende
panser; i den milde narkoses flygtige oprørthed og
vanvidspræget, berusende salighed.

En lammende mistanke og undergravende
gavmildhed, en forsagelsens skuffelse, en lykke-
økonomisk hygiejne, hvor sløvhedens afstumpning
og nethindes møgdynge møjsommeligt aflurer de
tæt sammenvævede kulturkrav; i en sparsomme-
lighedens renlighed og splittelses livskreds.

Trængt helt i baggrunden, i svæklingenes træghed,
med aggressionstilbøjelighedernes vilddyr, med
ondsindets utålsomhed; i ødelæggelsesvanviddet.

Berøringen er begyndelsen til enhver
bemægtigelse, til ethvert forsøg på at
nyttiggøre sig en person eller en ting.

Freud

Totem og tabu, s. 35, 1983

En periferisk pirring

Den uskadelige skyldbevidsthed bevogter, afvæbner
og svækker afstraffelsernes svigtende (u)held;
samvittighedskravets kærlighedstab og driftsafkald,
en helt og aldeles økonomisk ulempe.

Samvittighedsangstens hævn og anger, et
hvirvlende suk på en kvalfuld og hvileløs livsvej; et
sælsomt mishag, overvåget og klæbet til en
neurose-terapi, i "kulturelle fællesskabers patologi".

Ulykkelig angststemning, i skammens lugtpirring,
aggressive impulser i folkepsykologiske "klubhuse",
hvor en knugende, skælvende stemme med afsky og
en friskheds charme, i resignationens malstrømme,
synker ned i kærlighedsvalgets genealogi, ind i
fantasi-fristelsernes psykiske infantilismes kerne-
komplekser; en nærmest selvfølgelig, hellig frygt.

I ærefrygtens tvangslidelsers farlige smitte afvaskes
den fortrængte berøringslysts indespærringer;
knudepunktet i det infantile ønskeliv – en forbudt
handlen som frister til en tryllekrafts vækkelse.

Dominerende ømhed, ængstelig omsorg, intensiv
tilbedelse; forfølgelsesvanviddets vilde højagtelse, i
en umiskendelig hævn, infektion, forhutlet, udstødt,
slået helt i stykker, helt ind i sørgetidens skygger.

Udstødte og snigende kneb; hvilende udflugter,
"kompleks-følsomhedens" gru i den dvælende
fristelsesangst, i en værgeløs erstatningsdannelse,
synker helt og aldeles hen i glemsel.

Hvor der foreligger en vildfarelse, ligger der en
fortrængning bagved.

Rigtigere sagt: en uoprigtighed, en
forvanskning, som i sidste instans er baseret på
noget fortrængt.

Freud

Hverdagslivets psykopatologi, s. 174, 1959

De varme bades terapeutiske virkning

Ar-dannelsernes urene tabu-samvittighed, den indre fordømmelse, hvor lurende fristelser vover begæret; "at høre samvittighedens stemme tydeligt", berøvet straffetruslen, en helt igennem brutal egoisme.

Besjælingens tøvende søvn skræmmer, forsoner og berøver samhørighedens centrifugale pirringer gennem en tilfredsstillelsesteknik og fortrængningstendens, hvis tryllekraft og "neurotiske valuta" – via magiens trylleformler – afstedkommer *intellektuel narcisisme*; ude af sig selv omordnes grænselinjernes og drømmetankernes revner.

Drømmenes facade og bevægelseshæmningernes længsel – *det skarpe våben* – skånslens totem og afsvækkelse, sultens *åndested*; den "ydre sjæls" opløsningsstadium, i *sjælebærernes* lysstråler.

Angstdyrets lettelses "hønseliv"; en (u)anstødelig fortæringsakt, hvis bindende kraft griber flugten i blodsforbundets hellige fest, vælter ind i glædens dulmende lydighed og frygtelige udsoning.

I længslens forbitrelse og oprejsningens fornedrelse; selvopofrelsens skændsel, i et lysskærs uudslettelige spor – hverdagslivets kor, hykleri og forløsning – som "danner kernen i alle neuroser", via emotionel ambivalens, i en hensmuldrende likviderings svælg.

Den følelsesintensitet, der præger
psykoanalysen, udgør det perfekte vækstrum
for overføringer, og gennem overføringerne får
analytikeren således på sin egen krop alle de
følelsesindstillinger at mærke, som egentlig er
knyttet til længst forsvundne personer og
samspilsrelationer.

Olsen & Køppe

Sigmund Freud, Afhandlinger om behandlingsteknik

Indledning, s. 14, 2019

Vugning

I glemsomhedens svigt, i en forskudt ihærdighed, en
vaklende harmløshed i hvilende livsfare; fortrængt
og fremtrådt i akustikkens gunst, drister letheden
sig til træthed og hensygnende hul hånlighed.

Oprigtig kritikløs, de glemte ords relikvier klinger og
st(r)ækkes som forræderiske tegn i berørende
tankekredse, hvis associationsomveje bortvender sig
som vaklende og glatte prøvesten; forvansket,
elimineret, helt og aldeles strøget.

Klartseende forpint og modvillig mennesketom i den
intime og pinlige forglemmelses-mekanisme, i
ensomhedens mørke mumlen, som en pyntesyg og
hæs tanketråd i en egen-kompleks frihedskamp;
genfundet i smigrende klangløshed, som "at lukke
en skuffe for hurtigt".

Anstrengt, enslydende som det harmløse kvaj i
berøringsdriftens triumfskrig, i den usle, hysteriske
"husmoderpsykose"; i den kollektive forglemmelse, i
et dunkelt drilleri med den højeste intensitet.

I taleforstyrrelsernes ekko, i lydenes psykiske og
svævende nærhed, vandrende som efternølernes
fortætnings bitanke, i den uhæmmede strøm med
"lydenes kontaktvirkning"; klapper smitsomt med
lystne hænder, i tankebanernes forfærdelse, fauna
og huslige lykkes praleri.

Ideelt set skal analytikeren være som et spejl,
der alene gengiver det, der spejles, men selv er
usynligt.

Analytikeren er på sin vis fraværende som
person, idet de overføringer, han fremkalder,
ikke skyldes hans personlige egenskaber, men
selve situationen.

Olsen & Køppe

Sigmund Freud, Afhandlinger om behandlingsteknik

Indledning, s. 15, 2019

Bevægelsesfornemmelsernes jernbaneangst

Muskelarbejdet opildner, smadrer og knuser,
klamrer og hujer værgeløst og med plagsomme
fortalelser i den intime mekanisme via en fri brug af
uanstændige ord – og *store indre straffe* – "i mit
stille sind"; latterslaverne forråder sig selv.

Røber sig selv, en galant afsløring, en rygradsløs,
selvafslørende gavtyv, som i en kvalt bestyrtelses
gunst; et ombruset fingerpeg og næveslag, en
stagneret stift – og grundlæggende hakken.

Skråt forbavset i nøgenhedsdrømmenes delirier
vælter anstødeligt et ukorrigeret øje i en velset
fugtigheds møg; fremmedklingende, forhutlet i
spastisk resignation.

I svælgets erotiske frihed, i en indre (for)bundethed,
i drøje vendinger langsommeliggøres en
natsværmers protegé; genopvækkelighedens
forbavselse, kludret og klirrende, i et behændigt
arrigskab.

Flugtrefleksen udruger sjælekendernes
redningsfantasier i opmærksomhedens svaghed, i et
slumrende paradevæsens pudseri snubler distræt
dunkle hensunkne hastværk; itu, kejtet, skånsom
træfsikkerhed, snubler glidende og hvæsende i
klodset selvtilintetgørelse, brister i nervøs
depression, i et lammende attentat, i et suk, i et
'uheld', med en vansiring og selvafstraffelse – en
skoldet likvidering – som en svimmel dressør.

Anvendelig er den hypnotiske
helbredelsesmetode ikke blot ved alle nervøse
tilstande og de gennem 'indbildning' opståede
forstyrrelser, såvel som til afvænning fra
sygelige vaner (drikkeri, narkomani, kønslige
vildfarelser), men også ved mange
organsygdomme, endog betændelser, hvor
man har udsigt til under hovedlidelsens
fortsatte eksistens at befri den syge for de
umiddelbart belastende symptomer herpå,
såsom smerter, bevægelseshæmning, o.l.

Freud

Afhandlinger om behandlingsteknik, s. 49, 2019

Hudberøring

En hindes duplikat, kur og honorar, en munterhed
fløj i fantasiens kruseduller, klingede, studsede og
svingede som brødkrummers tryllemiddel, som en
klump og udvækst, som en æltet lysnar, hvis
suspekte ødselhed var på sindrig visit, som puffede
og mishagede tabets "offerstemning"; stejlt
nynnede gildet.

"Afvænningskampen", en listig intrige, en
hårdnakket nerveklinik, betuttet i en levende
ulystfornemmelse; i smug, itu-brydelse, spærret
inde i en sælsom klang, som tavs skyller en snues
plageånd igennem meningens klanglighed.

I snublende bælgmørke lakuners udførelses-
øjeblikke forbløder sælsomme træf og svundne
hævnfantasier; mærkværdigt hensunket i nærsynets
kompleksberedskab – i bekendthedsfølelsernes
difteri, ænset i "øjeblikkets følelseskonstellation", i
bevidsthedsuegnet bortfald – og parasitær.

Neurotikeren er et forsigtigt menneske, der nægter sig selv de tilfredsstillelser, der i lyset af barndommens traumatiske oplevelser virker farefulde, endskønt de fuldt ud er mulige for den voksne.

I behandlingen sigter forsvarsmekanismerne altid mod at hindre, at de pågældende ønsker bliver bevidste.

Olsen & Køppe

Sigmund Freud, Afhandlinger om behandlingsteknik

Indledning, s. 20, 2019

Intensitetsmomentet

Opmærksomhedens fordelinger og modstandenes
taktik, en rolig selviagttagelse i uendelige
variationer, i de høje intelligensers asylret; i
vagtsom, ceremoniel censur.

Fremstødets indfaldsvinkler og semantiske
glidninger, en revolutionær begivenheds
samlingspunkter, strømningernes grundtanker;
hjernelammelsernes kapacitet – en degeneration.

Et snævert erindringsmateriale, "nerve-elektricitet",
sensorisk pirring, aflejringer, omskrivninger og
ubekvemme væv; neuronsystemets pirringsflugt.

Afløbet spræller, konstant besat, et indhøstet
bevægelsesbillede, væmmelsens attentater; en
spidsfindig fortræffelighed og en rådvild melankoli –
en hallucinatorisk psykose.

Helt fraspaltet i psykisk frigørelse.

Ord er jo de vigtigste formidlere af den indflydelse, som et menneske vil udøve på et andet; ord er gode midler til at fremkalde sjælelige forandringer hos den, som de bliver rettet til, og derfor klinger det ikke længere gådefuldt, hvis det hævdes, at ordenes trylleri kan eliminere sygdomsfænomener, navnlig sådanne, der selv er begrundet i sjælelige tilstande.

Freud

Afhandlinger om behandlingsteknik, s. 43, 2019

Seksual-ophidselsens væsen

Neuroseklinikkens metoder, en knudret finpudsning,
sygdomme i nervesystemet, hysteri-studier,
talekure og "skorstensfejning"; katarsis-terapi,
neuro-patologi med neuro-patiske dispositioner,
selv-suggestion og spaltede personligheder.

Hypnotiske tilstande, et led i helbredelsen, seksuelle
traumer, frie associationer, selv-analyse, drømmens
livshistorier; at hæve fortrængningerne op i den
rene samtaleterapi via den spontane talestrøm.

Overføringerne og modoverføringerne, i spejlets
blinde pletter, *setting*, kontrakter og spontane
udtryk; at slække på censuren og forsvars-
mekanismerne, erindringernes frigjorte libido.

Modstandenes sygdomsgevinster, dødsdriftens
gentagelsestvang i den intime atmosfære; "den
jævnt svævende opmærksomhed" (*frit flydende*),
eksperimenter med "små følelsesmæssige chok".

En neurologisk mesterlære, en *sjælebehandling*,
hvor ord er det væsentlige værktøj; pirringer,
lidelser, ophidselse, sindsbevægelser og
bekymringer – *en sygdom i hele nervesystemet*.

Nervøsitet, affektlære, sjæleforskere, depressiv
fortvivlelse og sorg; stærke skrækoplevelser,
krænkelser, *tanke-forrådelse* – "en slumrende
ærgerrighed", hele nådestedets hellighed.

Helbredskunsten; "at fremkalde de for helbredelsen
gunstige sjælelige tilstande og betingelser hos den
syge" – patientens tiltro og hengivenhed, i
søvngængeriets lydighed og godtroenhed.

Fuldkommen føjelighed i udløsningens "indeklemte"
affekter, at slippe tøjlerne, genoprettelse og
forvrængning; en tydningskunst og oversættelses-
teknik i erindringshullernes nervøse udmattelse.

Melankolske depressioner, neuro-patiske,
degenerative restitutioner gennem reversibilitetens
"efteropdragelse", til overvindelse af de indre
modstande; en dybt-gribende forstemt paralyse.

Maniske vandkursanstalter, *den dunkleste filosofi*,
rystelsens seksuallivs mekanismer; henrykkelsen
strejfer og bestiger, som fødselshjælperen, den
tvangsneurotiske angsthysteri – i levedygtigheden.

Det neurotiske samfund; tilflugten i neurosen, ind i
sygdommen, "omslaget til en mere sanddru og
værdigere tilstand i samfundet", oplysningen af
masserne i livskonflikternes, hygiejniske kurbade.

En advarsel; forøgelse af angsten, takt og
skånsomhed, ømme følelser, psyko-seksualitetens
nervøse besvær, at "blive herre over de indre
modstande", gennem en 'vild' psykoanalyse.

Ønskeimpulsernes afslidning og udtørret drømme-
tekst, elskværdighedens kliché; grubler intenst og
gådefuldt over svigtets regression og bortvendelse.

Alle de energier, som i dag fortæres i
produktionen af neurotiske symptomer, som
tjener en fra virkeligheden isoleret
fantasiverden, vil, hvis de ikke kan komme livet
til gode, dog hjælpe til at forstærke skriget
efter hine forandringer i vor kultur, i hvilke vi
alene kan få øje på efterkommernes trivsel.

Freud

Afhandlinger om behandlingsteknik, s. 83, 2019

Tilløb; farbare forbindelsesveje

En standsning, et libidoberedskab, *en øm,
hengivelsesvillig trofasthed* med erotiske kilder;
sympatiens venskab og tillid – et uanstødeligt
psykisk arbejde – en driftslivets ambivalens.

Når kærlighedsimpulserne og erindringshelhederne
slynges gennem et "modtagende organ", er der én
eneste forskrift; "ikke at ville mærke sig noget
bestemt og møde alt, hvad man kan høre".

Helbredelsens dynamik er som *det ædle skakspil*; at
tø op, briste, "at blive stum for en tid", frigøre
oprigtigt og kostbart, en læk, en hemmeligholdelse,
en skillevæg, en særlig triumf, *øjebliksdiagnoserne*.

Kræfternes spil, helbredelsesønsket og sygdoms-
gevinstens mobiliseringer, affektmængdernes
lidelsessymptomer; interesse i – og forståelse for –
de nye kraftkilder, nemlig *fejlerkendelsernes
apperceptions-svækkelser*.

Træthedens udmattelse og adspredthed; levende-
gørelsen af "forglemmelsen", alt det væsentlige
med tilbagevirkende kraft, *erindringsfølelsen
(bekendthedsfornemmelsen)* glipper gnidningsløst.

Udgyder sig i en strøm, som måder at erindre på, *at
fremmane et stykke realt liv*, i forsoningen med det
fortrængte; livsbeskadigelserne og de livsvigtige
afgørelser, i helbredelsestidspunktets tågetilstande.

I de forliste kærlighedsbegivenheder og -erobringer,
i omsorgens seksuelle hengivelse; i fortrængnings-
virksomhedens kærlighedstørst, i fortrængnings-
tilbøjelighedens kærlighedsforlangende – helt og
aldeles i seksual-længslens ægthed.

Smidigt forblændet i forventningsfantasiernes ædle
tryllerier, i de eksplosive kræfter, i "lidenskaben til
at helbrede"; sønderdelte psyko-synteser, tankeløse
fraser, forrevne abstinenser, nægtelserne siver bort.

I en tilflugt fra livets besværligheder, i strids-
punkternes livsuduelige masseanvendelse, indfindes
automatskriftens indskydelser; "den, der gerne vil
være produktiv, agter på det frie indfald" (Schiller).

Kryptomnesi – karakterbrister, jeg-ændringer,
"befrielsen af et menneske", ur-traumet i livets
hastværk; selvhæmningernes livsneuroser og
udviklingsforstyrrelser – den traumatiske ætiologi.

Forvridningernes lavmælte gangbesvær, svælgende
immunt i irregulære dæmninger, i utætte
kærligheds-skuffelser; i genklangen af oprørte
livssikringers kappestrid, *at vække sovende hunde*.

Fremmedgørelsens forblændede lammelse,
"libidoens klæbrighed"; *den psykiske økonomis
træghed* fæstner en ydedygtighed og helbredende
kraft, et forbunds- og besætningstroskab, hvor jeg-
forskellighedernes forsvarskampe udgør en
"immanent masochisme" og udviklingsrytmes strid.

I de bio-psykiske livs- og dødsdrifter og
(u)dueligheds-attester, i sandhedskærlighedens
egnethed og jeg-omarbejdelse ruskes "det
uforstyrrede grundfjeld"; uberørt indsniges
vanviddets livagtige opdrift og strækbetonet
forrykning.

Den analytiske psykoterapeut har en trefoldig
kamp at føre, i sit indre mod de magter, som
gerne vil drage ham væk fra det analytiske
niveau, uden for analysen mod de
modstandere, som bestrider betydningen af de
seksuelle drivkræfter over for ham og hindrer
ham i at betjene sig af dem i sin videnskabelige
teknik, og i analysen mod sine patienter, som i
begyndelsen opfører sig som modstandere,
men som så bekendtgør den overvurdering af
seksuallivet, der behersker dem, og som gerne
ville indfange lægen med deres socialt
utæmmede lidenskabelighed.

Freud

Afhandlinger om behandlingsteknik, s. 172, 2019